Pâtisseries Orientales

Laurence LEFEBVRE

Photos :
Jean-Luc SYREN et Valérie MORITZ

Coordination :
Éric ZIPPER

ÉDITIONS S.A.E.P.
68040 INGERSHEIM - COLMAR

préparation très simple
préparation facile
préparation élaborée

○ peu coûteuse
○○ raisonnable
○○○ chère

Ce livre est un recueil des principales recettes sucrées que l'on trouve dans les pays du Maghreb : Algérie, Tunisie, Maroc, et en Turquie.

Quand on évoque les douceurs orientales, des images viennent facilement à l'esprit : femmes replètes et langoureuses, allongées sur des sofas et dégustant des loukoums à la rose, fins de repas se prolongeant devant des montagnes de petits gâteaux accompagnés de thé brûlant ou, plus proches de nous, les vitrines des pâtisseries arabes de Barbès ou du quartier de la Huchette.

En fait, la préparation des pâtisseries dans ces différents pays ne fait pas partie du quotidien car elle est longue et coûteuse. Elle n'a donc lieu que lors des fêtes religieuses qui ponctuent l'année musulmane ou lors d'événements familiaux : mariages, circoncisions ou fête du septième jour suivant la naissance. Certains plats, d'ailleurs, sont indissociables de fêtes particulières. Le M'Hencha, sorte de long serpent aux amandes enroulé sur lui-même, ou le Haloua Rhifa, gros gâteau, lui aussi aux amandes, sont confectionnés pour les mariages ou les circoncisions. Le Sellou, pyramide d'amandes et de farine grillées ou l'Amlou, sorte de confiture très grasse et très sucrée, sont préparés comme fortifiants lors du Ramadan, pour aider à supporter le jeûne.

D'une façon générale, la fête du Ramadan est l'occasion propice à l'élaboration de montagnes de petits fours, tous plus colorés et plus parfumés les uns que les autres, servis sur de grands plateaux en cuivre ou en argent pour faire honneur à la famille et aux amis de passage.

Par contre, les crêpes de toutes sortes (Mlaoui, Rghaïf, Beghir) ou les entremets (couscous sucré et riz au lait) sont préparés tout au long de l'année pour le dessert, les petits gâteaux secs aussi, en accompagnement du thé.

Lors des grands repas familiaux, après tous les plats salés servis en grand nombre et en grosses quantités, est servi un couscous sucré cuit à la vapeur, ou du riz au lait. Puis viennent les fruits de saison et les pâtisseries, celles-ci accompagnées de thé à la menthe ou de lait. Notons que le thé est toujours préparé en présence des convives.

INGRÉDIENTS ET USTENSILES DE CUISINE

Les ingrédients de base sont assez peu nombreux. C'est la combinaison et la quantité de chacun d'eux qui permettent une large déclinaison.

Disons que les fruits secs tiennent la vedette, mais surtout les amandes et les dattes qui prennent part à la plupart des préparations culinaires.

– Agrumes : citrons et oranges dont on utilise le jus et les zestes.

– Eau de fleur d'oranger.
– Eau de rose (surtout en Turquie).
– Fruits secs : amandes, pistaches, pignons, graines de sésame, noix, noisettes, abricots et dattes pour la préparation et la décoration des gâteaux.

– Épices : cannelle, gingembre, cardamome, anis, clous de girofle et plus rarement safran, essentiellement pour colorer naturellement la pâte d'amandes.

– Massepain : pâte d'amandes cuite, malléable et se conservant longtemps.

– Miel : utilisé dans de nombreuses recettes pour la préparation de pâtes ou l'enrobage des feuilletés.

– Menthe : sert essentiellement à la décoration des plats.

– Colorants alimentaires.

– Le gsâa : grand plat rond et souvent en bois permettant le pétrissage des différentes pâtes.

– Le mortier : pour piler les amandes et les épices.

LES PÂTISSERIES LES PLUS CÉLÈBRES

Parmi les gâteaux célèbres d'Orient, citons les **cornes de gazelle**, saupoudrées de sucre glace et parfois de graines de sésame, les **ghoribas**, sortes de macarons aux divers parfums ou bien encore les **briouats**, feuilletés délicats en forme de triangle trempés dans le miel. La **pastilla au lait**, un gâteau de fines crêpes empilées les unes sur les autres, est l'un des plats incontournables des grandes fêtes marocaines.

En Turquie, les deux confiseries les plus connues sont les **loukoums** aux tons pastel et le **halva**, une sorte de pâte de sésame relevée au jus de citron.

Pâte à rghaïfs
(crêpes)

Prép. : 30 min
Pour 20 à 30 crêpes

500 g de farine / 1/2 cuil. à café de sel / 20 g de levure de boulanger / 1/4 à 1/2 l d'eau tiède.

Faire un puits avec la farine directement sur la surface de travail, ajouter le sel et la levure diluée dans un peu d'eau. Continuer à verser de l'eau et à mélanger jusqu'à l'obtention d'une pâte consistante.

Pétrir cette pâte pendant une vingtaine de minutes en ajoutant régulièrement de l'eau. Bien travaillée, la pâte doit devenir lisse et élastique.

Les rghaïfs sont des sortes de crêpes sucrées ou salées. Les recettes qui vont suivre sont uniquement des crêpes sucrées. Mais les rghaïfs sont aussi très bonnes farcies de poulet, de viande, de fromage, de crevettes…

Pâte d'amandes

Prép. : 20 min
Pour 1 kg env.

600 g d'amandes mondées / 300 g de sucre cristallisé / 2 cuil. à soupe d'eau de fleur d'oranger.

Passer les amandes au hachoir et les mélanger avec le sucre en poudre. Passer le tout une deuxième fois au hachoir.

Incorporer l'eau de fleur d'oranger et travailler la pâte jusqu'à ce qu'elle soit ferme et malléable.

Briouats

Les briouats sont des feuilletés salés ou sucrés, préparés avec des feuilles de ouarka et remplis de farce, de viande hachée, de poulet, d'amandes grillées… et frits dans l'huile. À défaut de feuilles de ouarka, utiliser des feuilles de brick.

Les briouats désignent différents feuilletés à base de feuille de ouarka. Les temps de préparation et de cuisson spécifiques à chaque recette sont indiqués à la page de la recette.

Il existe 3 façons de plier les briouats. Découper d'abord chaque feuille de ouarka à la dimension souhaitée, puis les plier d'une de ces manières :

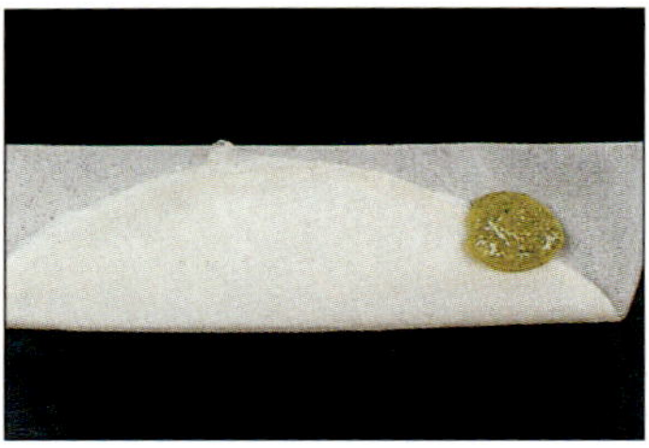

Le pliage triangulaire :
Plier la feuille en 2 et encore une fois en 2 dans le même sens. Mettre un peu de farce dans un coin.

Plier la bande et replier la bande en biais.

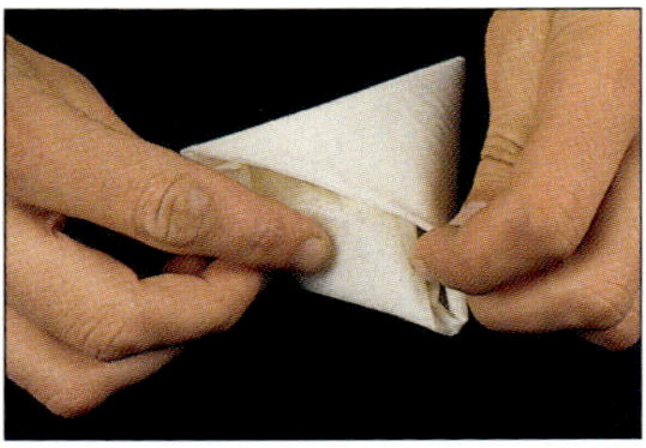

Enfiler le bout restant dans le dernier pli. Aplatir le triangle obtenu.

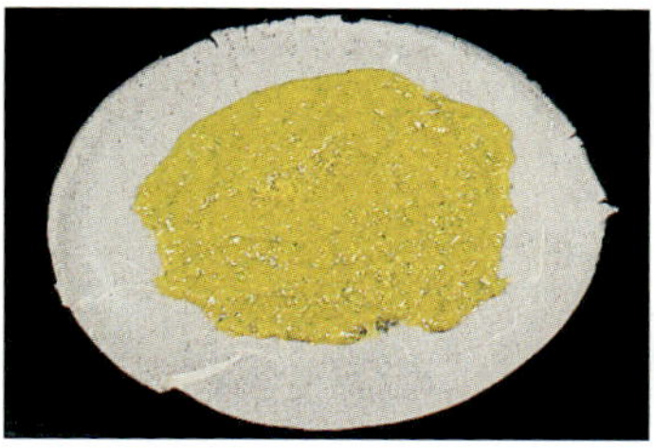

Le pliage rectangulaire :
Poser une feuille à plat, le côté brillant sur la surface de travail. Étaler une cuillerée à soupe de farce à 4 cm du bord.

Plier la feuille en trois en commençant à rabattre un côté, puis l'autre côté, afin d'obtenir une bande.

Plier et replier cette bande sur elle-même puis aplatir le feuilleté obtenu.

Le pliage cylindrique :
Procéder de la même façon que pour le pliage rectangulaire, mais au lieu de plier la feuille sur elle-même, la rouler comme un tapis de façon à obtenir un cigare.

Amandes frites

Prép. : 15 min

Amandes entières et mondées / Huile de friture.

Verser les amandes dans une casserole. Les recouvrir d'huile de friture et mettre à chauffer sur feu moyen.

Quand l'huile est bien chaude, remuer à la cuillère de bois. Retirer du feu dès que les amandes commencent à dorer et égoutter sur du papier absorbant.

Massepain

Prép. : 30 min - Cuiss. : 20 min
Pour 1 kg env.

350 g d'amandes mondées / 2 blancs d'œufs / 500 g de sucre cristallisé / Sucre glace / 2 cuil. à soupe d'eau de fleur d'oranger.

Passer deux fois les amandes au hachoir. Réserver.

Battre légèrement les blancs d'œufs.

Faire fondre le sucre à feu doux avec 15 cl d'eau en remuant sans cesse à la cuillère de bois jusqu'au premier bouillon. Mettre alors sur feu vif et faire cuire le sirop jusqu'à 116 °C (s'aider d'un thermomètre de cuisine). Retirer du feu et continuer à remuer jusqu'à ce que le sirop commence à devenir trouble. Ajouter alors les amandes, mélanger puis incorporer les blancs d'œufs. Remettre le tout quelques minutes sur feu doux et continuer à remuer à la cuillère de bois jusqu'à ce que la pâtisserie épaississe.

Retirer du feu.

Laisser refroidir le massepain sur un plan de travail saupoudré de sucre glace. Former une boule avec la pâte et pétrir 5 minutes avec les mains recouvertes de sucre glace.

Pastilla

Prép. : 15 min - Cuiss. : 15 à 20 min
6 pers.

70 g de beurre / 10 feuilles de ouarka (ou à défaut, des feuilles de brick) / Farce au choix / 1 jaune d'œuf.

Beurrer généreusement un moule à bord lisse de 22 cm de diamètre. Disposer au fond 4 feuilles de ouarka en les faisant se chevaucher et en les laissant largement déborder du moule. Consolider la base de la pastilla en ajoutant 2 feuilles au milieu du moule.

Étaler sur les feuilles la farce choisie. Rabattre sur celle-ci les morceaux de feuille qui dépassent. Badigeonner toute la surface de la pâte de jaune d'œuf avant de disposer une nouvelle série de 3 feuilles de ouarka qui, elles aussi, se chevaucheront et déborderont. Enduire les parties des feuilles qui dépassent de jaune d'œuf et les rabattre délicatement sous la pastilla. Puis ajouter, en la collant avec du jaune d'œuf, une dernière feuille qui rendra le dessus de la pastilla bien lisse.

Faire fondre 60 g de beurre.

Enfourner la pastilla dans un four chaud, à 180 °C (th. 6), et laisser cuire 15 à 20 minutes en ajoutant régulièrement du beurre fondu sur et sous la pastilla.

Amlou

Prép. : 25 min
Pour 1,500 kg environ

500 g d'amandes frites (p. 10) / Huile de friture / 500 g de miel liquide / 2 pincées de cannelle / 1/2 l d'huile d'argan.

Faire frire les amandes et les hacher finement au mixeur avant de les mélanger au miel et à la cannelle. Verser l'huile d'argan petit à petit tout en remuant la préparation.

L'huile d'argan est une huile très parfumée, à la couleur orangée, tirée d'une amande produite par l'arganier, arbre persistant que l'on ne rencontre qu'au Maroc. Vous trouverez l'huile d'argan uniquement dans les épiceries spécialisées en alimentation arabe.

L'amlou, très riche en calories, est préparé le plus souvent en période de Ramadan pour aider à supporter le jeûne. Il peut très bien être mangé nature ou étalé sur du pain pour accompagner le thé.

Pâte de dattes aux arômes

Prép. : 20 min - Cuiss. : 25 min
Pour 800 g environ

500 g de dattes / 3 cuil. à soupe d'huile / 6 cuil. à soupe d'amandes mondées / 3 cuil. à soupe de pistaches non salées / 3 cuil. à soupe de pignons / 1/2 cuil. à soupe de cardamome en poudre / 1/2 cuil. à café de cannelle en poudre / 3 clous de girofle pilés / 2 cuil. à soupe de miel liquide / 1 cuil. à soupe d'eau de fleur d'oranger.

Remplir la partie basse du couscoussier à moitié d'eau et porter à ébullition.

Mettre les dattes dénoyautées et débarrassées des petits débris de peau dans le haut du couscoussier et faire cuire à la vapeur pendant 15 minutes.

Verser les dattes dans une terrine et ajouter l'huile. Écraser avec une grosse cuillère. Piler grossièrement au mortier tous les fruits secs et les ajouter aux dattes, ainsi que les épices, le miel et l'eau de fleur d'oranger. Pétrir le tout jusqu'à l'obtention d'une pâte homogène.

Cette pâte peut se conserver quelques jours dans un bocal, recouverte d'un peu d'huile. Elle peut se consommer nature, coupée en petits carrés, ou servir à fourrer des cornes de gazelle ou des briouats.

Confiture de coings

Prép. : 20 min - Cuiss. : 1 h 30 min
Pour 2 kg environ

1 kg de coings bien mûrs / 1 kg de sucre semoule / 1 citron / 1/2 cuil. à café de cannelle.

Passer les coings sous l'eau et les sécher dans un linge propre. Les peler et les couper en 4 ou en 6 selon la grosseur du fruit et enlever le cœur et les pépins. Les conserver, ainsi que la pelure d'un des coings, et les mettre dans une mousseline.

Quand tous les fruits sont épluchés, les peser et mesurer le même poids en sucre.

Dans une bassine à confiture, jeter les morceaux de coings, le sucre et la mousseline contenant le cœur du fruit avec les pépins et les pelures. Couvrir d'eau et laisser cuire environ 1 heure 30 minutes à feu très doux.

Quelques minutes avant la fin de la cuisson, ajouter le jus de citron et la cannelle et remuer délicatement.

À la fin de la cuisson, vérifier avec une fourchette que les coings soient tendres et écumer.

Mettre dans des pots et retourner ceux-ci jusqu'à refroidissement.

Confiture de figues

Prép. : 15 min - Cuiss. : 1 h 30 min
Pour 1,500 kg environ

1 kg de figues mûres mais fermes / 750 g de sucre semoule / 1 citron / 1 gousse de vanille.

Passer les figues sous l'eau et les sécher dans un linge propre. Enlever le pédoncule et faire de petites incisions sur les fruits à l'aide d'un couteau pointu.

Dans une bassine à confiture, verser 1/2 l d'eau, le sucre, le jus de citron et la gousse de vanille coupée en deux sur toute sa longueur, puis coupée en morceaux de 1,5 cm. Laisser cuire à feu moyen en remuant de temps en temps pour bien dissoudre le sucre, puis ajouter les figues. Remuer délicatement et continuer la cuisson à feu doux pendant 1 heure 30 minutes environ, en écumant régulièrement.

Écumer une dernière fois en fin de cuisson et mettre en pots aussitôt en répartissant bien les figues et les morceaux de vanille. Retourner les pots et les laisser ainsi pendant le refroidissement.

En même temps que le jus de citron et la vanille, il est possible d'ajouter, selon votre goût, morceaux de zeste de citron, amandes mondées, cerneaux de noix, raisins secs…

Couscous seffa sucré

Prép. : 30 min - Repos : 30 min - Cuiss. : 1 h
8 pers.

1 kg de semoule fine / 1/2 cuil. à café de sel / 150 g de beurre / Cannelle / Sucre glace.

Asperger la semoule d'eau et l'égoutter aussitôt.

Verser dans une grande assiette creuse, arroser d'un verre d'eau salée. Laisser reposer 15 minutes en égrenant de temps en temps le couscous à la fourchette pour l'aérer.

Mettre de l'eau jusqu'à mi-hauteur dans la partie inférieure du couscoussier, la porter à ébullition. Poser la partie supérieure et y verser la semoule en pluie en la frottant entre les mains. Laisser cuire 30 minutes.

Réserver dans la grande assiette avec 50 g de beurre, remuer à la main pour le faire fondre. Laisser refroidir et arroser d'un verre d'eau.

Quand le liquide est absorbé, remettre dans le couscoussier comme la première fois mais laisser cuire seulement 15 minutes.

Verser à nouveau dans l'assiette avec 50 g de beurre. Laisser fondre et ajouter un verre d'eau. L'eau absorbée, passer pour une troisième et dernière fois au couscoussier pendant 15 minutes.

Ajouter le beurre restant. Une fois fondu, dresser en cône dans un plat de service et saupoudrer de cannelle.

Servir le sucre glace à part pour que chaque convive puisse sucrer le couscous à sa convenance. Le lait froid, comme boisson, se mariera très bien avec ce couscous dont il fera ressortir la simplicité.

Couscous seffa aux dattes

Prép. : 30 min - Repos : 30 min - Cuiss. : 1 h
8 pers.

1 kg de semoule fine / 1/2 cuil. à café de sel / 150 g de beurre / Cannelle / 300 g de dattes / 2 cuil. à soupe d'eau de fleur d'oranger / Sucre glace.

Préparer le couscous (voir p. 16).

Au moment du troisième passage au couscoussier, incorporer les dattes dénoyautées, débris de peau enlevés, et hachées grossièrement.

Aromatiser, avant de servir, à l'eau de fleur d'oranger.

Couscous seffa aux fruits secs

Prép. : 1 h - Cuiss. : 1 h
8 pers.

1 kg de semoule fine / 1/2 cuil. à café de sel / 150 g de beurre / Cannelle / 500 g de fruits secs (au choix : amandes, noix, noisettes, pistaches non salées, pignons de pin...) / Sucre glace.

Préparer le couscous (p. 16).

Une fois dressé sur le plat de service, saupoudrer de fruits secs grossièrement écrasés au pilon.

Riz au lait

Prép. : 5 min - Cuiss. : 40min
4 pers.

250 g de riz rond / 1 l de lait / 1 sachet de sucre vanillé / 100 g de sucre semoule / 2 cuil. à café de cannelle.

Plonger le riz 5 minutes dans une grande casserole d'eau bouillante. Égoutter.

Faire bouillir le lait avec le sucre vanillé dans une cocotte, verser le riz et faire cuire sur feu doux pendant une quinzaine de minutes.

Ajouter le sucre et prolonger la cuisson 15 minutes.

Servir tiède ou froid, saupoudré d'un peu de cannelle.

Riz au lait aux fruits secs

Prép. : 10 min - Cuiss. : 40 min
4 pers.

250 g de riz rond / 1 l de lait / 1 sachet de sucre vanillé / 100 g de sucre semoule / 150 g de fruits secs (au choix : amandes mondées, graines de sésame, pistaches non salées, pignons de pin, noisettes...) / 2 cuil. à café de cannelle.

Préparer le riz au lait (voir ci-dessus).

10 minutes avant la fin de la cuisson du riz, préparer les fruits secs. Les broyer grossièrement au pilon dans un mortier et les faire légèrement revenir à la poêle sans ajout de matière grasse. Saupoudrer sur le riz ainsi que la cannelle juste avant de servir.

Vous pouvez aussi garnir de raisins secs.

Halva à la semoule

Prép. : 5 min - Cuiss. : 30 min
6 pers.

1/2 l de lait / 300 g de sucre cristallisé / 50 g de beurre / 300 g de semoule moyenne / 50 g de pignons / 50 g d'amandes mondées / 1 poignée de raisins secs / Cannelle.

Dans une casserole, faire chauffer à feu moyen le lait avec le sucre. Dans une autre casserole, faire fondre le beurre, verser la semoule, les pignons et les amandes et faire revenir à feu doux.

Quand le tout commence à dorer, verser le lait, y jeter une poignée de raisins secs et continuer la cuisson pendant 20 minutes, toujours sur feu doux, en remuant constamment à la cuillère en bois.

Servir tiède ou froid, saupoudré d'un peu de cannelle.

Sellou

Prép. : 40 min
10 pers.

1 kg de farine / 300 g de graines de sésame / 500 g d'amandes frites (p. 10) / 100 g de sucre roux / 3 graines de gomme arabique moulues / 1 cuil. à soupe de graines d'anis pilées / 1 cuil. à soupe de cannelle / 500 g de beurre / 200 g de miel / Sucre glace.

Faire roussir la farine dans une grande poêle en remuant sans arrêt. Réserver et faire de même avec les graines de sésame.

Mélanger le sésame, la moitié des amandes frites et le sucre et les passer au hachoir. Incorporer la farine à cette pâte et bien mélanger. Ajouter la gomme arabique, l'anis et la cannelle.

Faire fondre le beurre avec le miel à feu doux et verser petit à petit sur la farine en mélangeant soigneusement jusqu'à obtention d'une préparation homogène.

Dresser en cône sur un plat de service, saupoudrer de sucre glace et garnir avec le reste d'amandes grillées laissées entières.

Ce plat, très riche en calories, est très souvent préparé pendant la période de Ramadan pour aider à supporter le jeûne.

Gâteau aux cheveux d'ange

Prép. : 15 min - Cuiss. : 30 min
4 pers.

Pour le gâteau : *250 g d'amandes en poudre / 50 g de sucre en poudre / 1/2 cuil. à café de cannelle / 1 verre à thé d'eau de fleur d'oranger / 50 g de beurre environ / 2 boules de cheveux d'ange (Qtayef).*
Pour le nappage : *250 g de sucre / 1 verre à thé d'eau de fleur d'oranger.*

Préparer une sorte de pâte d'amandes en mélangeant dans un récipient les amandes en poudre, le sucre, la cannelle et l'eau de fleur d'oranger. La pâte obtenue doit être bien homogène.

Choisir un plat allant au four d'environ 25 cm de diamètre et le beurrer sur toute la surface. Bien répartir la première boule de cheveux d'ange dans le plat, puis étaler la pâte d'amandes. Recouvrir le tout avec la deuxième boule de cheveux d'ange. Disposer quelques noisettes de beurre sur le gâteau et enfourner à 180 °C (th. 6). Laisser cuire une trentaine de minutes environ.

Pendant ce temps, préparer le nappage. Verser dans une casserole un verre d'eau et le sucre. Porter à ébullition, laisser sur feu doux une vingtaine de minutes en remuant de temps en temps, puis ajouter l'eau de fleur d'oranger.

Quand le gâteau est bien doré, le sortir du four, le démouler et le recouvrir aussitôt du nappage. Laisser refroidir avant de servir.

Gâteau au fromage blanc

Prép. : 40 min - Repos : 15 min - Cuiss. : 40 min
6 pers.

Pour la pâte : *250 g de farine / 75 g de beurre / 4 cuil. à soupe de sucre semoule / 2 œufs / 1 pincée de sel.*
Pour la garniture : *500 g de fromage blanc / 150 g de sucre semoule / 1 sachet de sucre vanillé / 2 cuil. à soupe de farine / 10 cl de lait / 100 g de raisins secs / 1 citron non traité / 4 jaunes d'œufs.*

Mettre la farine dans un plat creux, former une fontaine au centre et ajouter le beurre coupé en petits morceaux, le sucre, les 2 œufs et une pincée de sel. Bien pétrir pour obtenir une pâte homogène. Former une boule et laisser reposer une quinzaine de minutes.

Étaler la pâte et en garnir un moule préalablement beurré, rond et à bords hauts. Piquer le fond à la fourchette.

Mélanger le fromage blanc, le sucre semoule et le sucre vanillé, puis ajouter la farine en pluie, le lait, les raisins et le zeste du citron râpé. Battre les jaunes d'œufs et les incorporer au fromage blanc.

Verser la garniture sur la pâte, enfourner à 180 °C (th. 6) et laisser cuire 40 minutes.

Haloua rhifa

Prép. : 1 h 30 min - Repos : 24 h - Cuiss. : 1 h
20 pers. env.

1 kg de farine / 1 cuil. à café de sel / 40 g de levure de boulanger / 1/2 verre d'eau de fleur d'oranger / 2 verres d'huile / 4 kg de miel liquide / 100 g de beurre ramolli.

Verser la farine directement sur le plan de travail et former un puits, ajouter le sel et la levure diluée dans un peu d'eau. Continuer à verser de l'eau et à mélanger jusqu'à l'obtention d'une pâte consistante. Pétrir cette pâte pendant une vingtaine de minutes en ajoutant régulièrement de l'eau. La pâte est prête quand elle est lisse et élastique.

Prendre une boule de pâte de la valeur d'une grosse noix, l'étendre et l'aplatir à la main pour avoir un carré de pâte d'1 mm d'épaisseur. Continuer jusqu'à épuisement de la pâte.

Mettre l'huile à chauffer dans une poêle, faire frire les carrés de pâte des deux côtés et les déposer au fur et à mesure sur du papier absorbant. Faire un amas de ces crêpes et les écraser au rouleau à pâtisserie.

Faire chauffer le miel dans une grande cocotte. Quand il est bien liquide, incorporer les débris de pâte et continuer la cuisson 5 minutes en mélangeant constamment à la cuillère de bois.

Verser la préparation dans une grande assiette creuse et laisser reposer 24 heures.

Façonner la pâte en un cône sur un plat de service. Aplatir le sommet du cône pour pouvoir y déposer le morceau de beurre.

Ce gâteau très riche, au goût de nougat, se prépare en grosses quantités car il est servi lors de grandes occasions : mariages, circoncisions et fêtes du septième jour après la naissance. Les convives prélèvent de leur main droite un petit morceau de gâteau et l'accompagnent d'une noisette de beurre.

Pastilla au lait

Prép. : 30 min - Cuiss. : 30min
6 pers.

1,5 l de lait / 200 g de sucre semoule / 1 verre à thé d'eau de fleur d'oranger / 3 cuil. à soupe de poudre de riz / 50 g de beurre / 250 g d'amandes frites (p. 10) / 1 cuil. à soupe de cannelle / Huile de friture / 20 feuilles de brick.

Faire bouillir le lait avec la moitié du sucre, l'eau de fleur d'oranger et la poudre de riz incorporée petit à petit. Remuer sans cesse à la cuillère de bois. Ajouter le beurre et continuer à remuer jusqu'à ce que le lait commence à épaissir. Retirer du feu et mettre de côté.

Préparer les amandes frites et les piler grossièrement. Les mélanger avec le restant de sucre et la cannelle et réserver.

Faire chauffer de l'huile dans une grande poêle et faire frire les feuilles de brick deux par deux. Mettre ces feuilles au fur et à mesure sur du papier absorbant.

Enfin, sur le plat de service, disposer 2 feuilles de brick, saupoudrer d'amandes et verser du lait tiède. Renouveler l'opération – feuilles, amandes et lait – en finissant par 2 feuilles de brick. Napper la pastilla en versant dessus une dernière couche de lait.

Servir aussitôt.

Pastilla à la crème pâtissière

Prép. : 40 min - Cuiss. : 30 min
6 pers.

1 gousse de vanille / 1/2 l de lait / 5 jaunes d'œufs / 100 g de sucre en poudre / 2 cuil. à soupe de farine / 250 g d'amandes frites (p. 10) / 1 cuil. à soupe de cannelle / 20 feuilles de brick.

Fendre la gousse de vanille sur toute sa longueur. Gratter l'intérieur et l'ajouter au lait. Faire bouillir et réserver.

Fouetter les œufs et le sucre au batteur électrique. Quand le mélange commence à mousser, incorporer la farine. Continuer à battre puis ajouter le lait. Faire épaissir le tout sur feu doux en remuant sans arrêt à la cuillère de bois. Mettre de côté.

Continuer la recette comme indiqué p. 26 en remplaçant la crème au lait par la crème pâtissière.

Serpent aux amandes m'hencha

Prép. : 40 min - Cuiss. : 20 à 25 min
8 pers.

500 g d'amandes mondées / 100 g de beurre / 250 g de sucre semoule / 3 pincées de cannelle / 2 cuil. à soupe d'eau de fleur d'oranger / 15 feuilles de ouarka de 20 x 30 cm / 2 jaunes d'œufs / Huile / Miel.

Hacher finement les amandes au mixeur.

Faire fondre le beurre sur feu doux et l'ajouter aux amandes. Incorporer dans l'ordre le sucre, la cannelle et l'eau de fleur d'oranger. Bien mélanger.

Former avec la pâte obtenue de longs bâtons (peu importe la longueur exacte) de pâte d'amandes de 2 cm de diamètre.

Mettre bout à bout, le côté brillant contre la surface de travail, toutes les feuilles de ouarka en les faisant se chevaucher de 5 cm (ce sont les largeurs qui doivent se toucher) et les coller les unes aux autres avec du jaune d'œuf.

Disposer le long de ces feuilles de ouarka, à environ 2 cm du bord, les rouleaux de pâte d'amandes, les uns au bout des autres. Rouler les feuilles autour de cette farce pour obtenir un long bâton. Rouler délicatement ce bâton sur lui-même, comme une spirale. L'enduire du reste de jaune d'œuf et le poser directement sur la plaque de cuisson huilée.

Mettre à cuire à 210 °C (th. 7), pendant 20 à 25 minutes.

Servir avec du miel chaud ou du sucre et de la cannelle.

Beghrir

Prép. : 20 min - Repos : 1 h 30 min - Cuiss. : 1 h 30 min
Pour 40 à 50 crêpes

250 g de farine / 250 g de semoule fine / 1 cuil. à café de sel / 4 œufs / 40 g de levure de boulanger / 1/4 l de lait / 50 g de beurre / Sucre semoule / Miel.

Mélanger la farine, la semoule, le sel, 2 œufs et la levure diluée dans un peu d'eau.

Dans une casserole, faire chauffer ensemble 75 cl d'eau et le lait et retirer du feu dès que le liquide est tiède. Ajouter à la farine petit à petit. Même après avoir bien mélangé, il restera des grumeaux. Battre alors 5 minutes au batteur électrique.

Verser la pâte dans un plat d'une contenance d'au moins 2 l, puis laisser reposer environ 1 heure 30 minutes dans un endroit chaud. La pâte va prendre du volume et devenir mousseuse.

Battre 2 œufs dans un bol.

Remuer la pâte avant de s'en servir.

Badigeonner au pinceau une poêle avec l'œuf, l'opération devant être renouvelée toutes les 2 ou 3 crêpes. Verser 1/4 de louche de pâte dans la poêle et faire revenir sur un seul côté. La surface de la crêpe va se cribler de nombreux petits trous. Retirer délicatement avec une pelle ou un couteau large.

Au fur et à mesure de la cuisson, ne pas empiler les crêpes directement les unes sur les autres pour éviter qu'elles collent. Poser les crêpes sur un grand plat les unes à côté des autres, ou les empiler en mettant entre chacune un morceau de papier aluminium ou de papier sulfurisé.

Juste avant de servir, faire fondre 50 g de beurre dans une poêle et faire revenir une première crêpe quelques secondes, le temps qu'elle s'imprègne de beurre. La déposer dans un plat, le côté troué vers le haut, poser dessus une crêpe sans beurre, puis à nouveau une crêpe imprégnée de beurre, et cela jusqu'à la dernière crêpe.

Servir avec du sucre ou du miel.

Beignets au miel et au citron

Prép. : 20 min - Repos : 45 min - Cuiss. : 10 min - Pour 20 pièces env.

100 g de farine / Le jus d'1 citron / 1 sachet de levure chimique / 750 g de sucre / 1 cuil. à soupe de miel / 1 cuil. à soupe d'eau de fleur d'oranger / Sucre glace.

Mettre la farine dans un plat creux. Former un puits, y verser la moitié du jus de citron et la levure diluée dans 10 cl d'eau. Bien mélanger et laisser reposer 45 minutes.

Pendant le repos de la pâte, préparer le sirop. Verser le sucre avec 20 cl d'eau dans une casserole. Ajouter le miel, le restant de jus de citron et l'eau de fleur d'oranger. Laisser quelques minutes sur feu doux en remuant constamment à la cuillère de bois. Réserver.

Faire chauffer de l'huile de friture dans une grande cocotte. Quand celle-ci est bien chaude, mais non bouillante, jeter la pâte en grosses cuillerées.

Quand les beignets sont bien dorés, les retirer de l'huile avec une écumoire et les égoutter sur du papier absorbant.

Disposer sur un plat de service, recouvrir de sirop au citron et saupoudrer de sucre glace.

Beignets Sfenjs

Prép. : 30 min - Repos : 3 h - Cuiss. : 20 min
Pour 20 pièces env.

700 g de farine / 1 cuil. à café de sel / 20 g de levure de bière / Huile de friture / Sucre semoule ou miel.

Disposer la farine en fontaine sur le plan de travail et ajouter le sel et la levure délayée dans un verre d'eau. Bien mélanger le tout et pétrir énergiquement pendant 20 minutes environ. Puis ajouter petit à petit un deuxième verre d'eau tiède et retravailler la pâte pour qu'elle soit bien élastique.

Former une boule, la mettre dans un saladier, recouvrir d'un torchon et laisser lever la pâte 3 heures environ dans un endroit tiède.

Avec les mains huilées, prélever de la pâte de la valeur d'un œuf de poule, trouer cet œuf au milieu et élargir un peu afin d'obtenir une couronne.

Mettre de l'huile à chauffer dans une poêle et quand celle-ci est bouillante, plonger le beignet, le faire frire quelques minutes de chaque côté et le poser sur du papier absorbant.

Pendant la cuisson des beignets, continuer à fabriquer au fur et à mesure les autres couronnes.

Servir les beignets saupoudrés de sucre en poudre ou accompagnés de miel.

Mlaoui

Prép. : 1 h 45 min - Cuiss. : 1 h 30 min
Pour 20 à 30 pièces

Pâte à rghaïfs (p. 6) /Huile / 125 g de beurre / 100 g de miel.

Confectionner des boules de pâte de la taille d'une clémentine. S'enduire les mains d'huile et aplatir la première boule en tirant dessus jusqu'à l'obtention d'un rectangle de 30 cm de long et d'1 ou 2 mm d'épaisseur. Plier en deux dans la longueur afin d'obtenir un long ruban. Rouler cette bande un peu comme un tapis tout en continuant à étirer la pâte pour qu'elle soit très fine. Mettre le cylindre obtenu debout et l'aplatir délicatement jusqu'à obtenir une crêpe de 5 mm d'épaisseur et d'environ 15 cm de diamètre. Recommencer l'opération pour chaque boule de pâte.

Faire fondre une noisette de beurre dans la poêle et faire revenir les crêpes de chaque côté. Ajouter un peu de beurre toutes les 2 ou 3 crêpes.

Avant de servir, faire fondre 100 g de beurre avec 100 g de miel et bien mélanger. Poser les crêpes dans ce nappage d'un seul côté pendant quelques secondes, juste le temps qu'elles s'imprègnent du beurre et du miel.

Empiler ces crêpes au fur et à mesure de la cuisson sur une grande assiette.

Servir aussitôt.

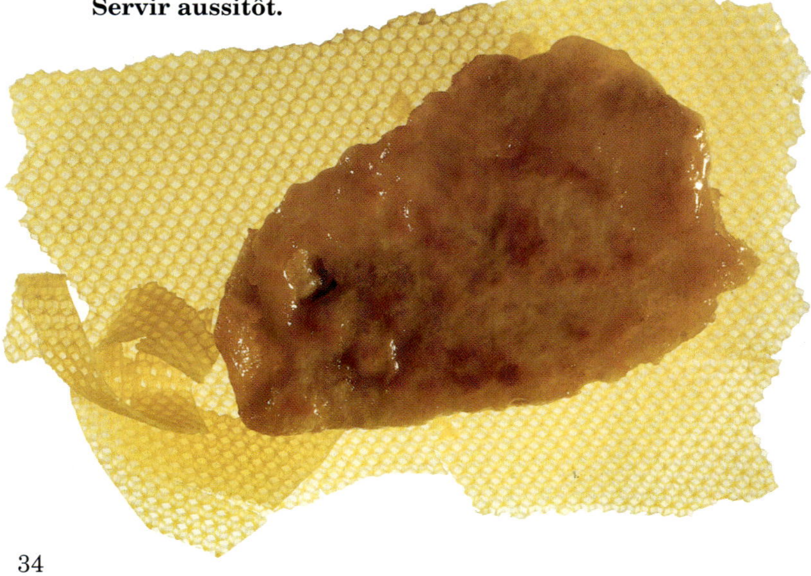

Oreilles du juge

Prép. : 2 h - Cuiss. : 1 h 45 min
Pour 30 pièces env.

Rghaïfs (p. 36) / 100 g de beurre / Sucre / Cannelle / Miel.

La préparation est la même que pour les rghaïfs.

Avant de servir, faire fondre le beurre dans une poêle. Poser une crêpe quelques secondes dans la poêle pour qu'elle s'imprègne du beurre (ne la faire revenir que sur un seul côté).

La déposer sur une grande assiette. Poser dessus une crêpe sans beurre puis à nouveau une crêpe revenue dans le beurre et cela jusqu'à la dernière crêpe.

Servir avec du sucre et de la cannelle ou du miel.

Rghaïfs

Prép. : 2 h - Cuiss. : 1 h 30 min
Pour 20 à 30 pièces env.

Huile / Pâte à rghaïfs (p. 6) / Beurre / Sucre semoule ou miel.

Enduire ses mains d'huile ainsi que la surface de travail et la pâte afin qu'elle soit plus facile à travailler.

Prendre une boule de pâte de la taille d'un œuf de poule et l'aplatir en tirant dessus en longueur et en largeur jusqu'à obtenir une feuille carrée de l'épaisseur d'une feuille de papier. Plier ce carré en trois puis plier le rectangle obtenu à nouveau en trois pour obtenir un carré d'environ 10 cm de côté. Renouveler l'opération jusqu'à épuisement de la pâte en enduisant souvent mains, plan de travail et pâte.

Faire fondre une noisette de beurre dans une poêle, sur feu moyen.

Pendant ce temps, doubler la surface de la crêpe et cuire en tirant et en allongeant délicatement tous les côtés. Faire revenir quelques minutes de chaque côté puis servir au fur et à mesure ou préparer toutes les crêpes en une fois et mettre à réchauffer au four avant de servir.

Déguster avec du sucre ou du miel.

Cette recette nécessite une grande dextérité, le plus dur étant de trouver le coup de main pour étendre la pâte sans la déchirer.

Rghaïfs frites à l'huile

Prép. : 2 h - Cuiss. : 1 h 45 min
Pour 20 à 30 pièces env.

Rghaïfs (voir ci-dessus) / Sucre ou miel.

Préparer les rghaïfs.

Avant de servir, faire chauffer de l'huile de friture et faire frire les crêpes de chaque côté.

Égoutter.

Servir avec du sucre ou du miel.

Rghaïfs farcies aux amandes

Prép. : 2 h 15 min - Cuiss. : 1 h 30 min
Pour 20 à 30 pièces env.

300 g d'amandes frites (p. 10) / 150 g de sucre semoule / 1,5 cuil. à café de cannelle / 1 blanc d'œuf / Rghaïfs (p. 36).

Préparer les amandes frites puis les broyer grossièrement dans un pilon.

Mélanger avec le sucre, la cannelle et le blanc d'œuf puis travailler à la main jusqu'à l'obtention d'une pâte bien homogène.

Préparer les rghaïfs puis étaler une noix de pâte d'amandes en leur milieu avant de les plier en 3 et de nouveau en 3.

Continuer la recette de la même façon que pour les rghaïfs.

Boules d'abricots aux pistaches

Prép. : 20 min
Pour 800 g d'abricots

300 g de fruits secs (mélange de noisettes, pistaches, amandes et pignons) / 500 g d'abricots secs / 75 g de sucre en poudre.

Écraser grossièrement dans un mortier les fruits secs avec le sucre.

Former un creux dans chaque abricot en appuyant fortement avec un doigt et remplir chaque fruit avec la farce de fruits secs.

Présenter dans de petites caissettes en papier, elles-même posées sur un plat de service.

Jabane

Prép. : 25 min - Repos : 12 h - Cuiss. : 15 min
Pour 1 kg env.

150 g d'amandes mondées / 100 g de pistaches non salées / 1 kg de sucre en poudre / 3 grains de gomme arabique pilés / 100 g de beurre / 5 blancs d'œufs.

Faire dorer à la poêle, sans matière grasse, les amandes et les pistaches. Piler grossièrement dans un mortier et mettre de côté.

Verser le sucre et la gomme arabique avec 1/2 l d'eau dans une casserole et porter à ébullition. Réduire le feu et continuer la cuisson en remuant sans arrêt à la cuillère en bois. Retirer du feu dès que la préparation commence à se colorer. Réserver.

Faire fondre le beurre.

Monter les blancs en neige très ferme au fouet électrique. Ajouter petit à petit le sirop de sucre puis le beurre fondu en continuant à battre au fouet électrique pendant 5 minutes. Incorporer les amandes et les pistaches.

Verser la préparation dans des plats creux sur 2 cm d'épaisseur. Laisser refroidir pendant au moins une nuit.

Dattes fourrées

Prép. : 30 min - Cuiss. : 5 min
8 pers.

300 g d'amandes mondées / 150 g de sucre semoule / 2 cuil. à soupe d'eau de fleur d'oranger / Colorant rouge ou vert (facultatif) / 300 g de dattes.
Pour le glaçage (facultatif) : *1/2 verre d'eau de fleur d'oranger / 100 g de sucre semoule.*

Mélanger les amandes, le sucre et l'eau de fleur d'oranger. Passer le tout 2 fois au hachoir avec quelques gouttes de colorant.

Inciser les dattes sur une longueur, retirer le noyau puis placer une petite noix de pâte bien compacte.

Pour le glaçage, porter à ébullition l'eau de fleur d'oranger avec le sucre en remuant sans arrêt à la cuillère en bois. Baisser légèrement le feu pour stopper l'ébullition. Jeter une dizaine de dattes dans la préparation, laisser tremper quelques secondes puis retirer à l'aide d'une écumoire. Continuer l'opération pour toutes les dattes.

Laisser refroidir puis placer dans de petites barquettes en papier.

Les dattes peuvent être remplacées par des cerneaux de noix.

Figues fourrées aux amandes

Prép. : 30 min - Cuiss. : 45 min
8 pers.

500 g de figues séchées / 2 verres d'orange pressée / 2 cuil. à soupe de jus de citron / Le zeste d'1/2 citron / 4 cuil. à soupe de sucre cristallisé / 250 g d'amandes en poudre / 2 cuil. à soupe d'eau de fleur d'oranger / Sucre glace.

Ôter le pédoncule des figues.

Dans une petite casserole, verser le jus d'orange, le jus et le zeste de citron et le sucre en poudre. Mettre sur feu doux.

Quand le sucre est fondu, ajouter les figues et porter à ébullition. Baisser sur feu moyen et laisser cuire à peu près 30 minutes. Vérifier que les figues soient bien tendres. Sinon, prolonger la cuisson de quelques minutes.

Égoutter et laisser refroidir les figues.

Pendant ce temps, mélanger la poudre d'amandes et l'eau de fleur d'oranger.

Pratiquer une petite incision à l'aide d'un petit couteau pointu au niveau du pédoncule des figues, les fourrer d'un peu de pâte d'amandes puis pincer les chairs pour les refermer.

Rouler les figues sur un plan de travail saupoudré de sucre glace.

Attendre quelques heures avant de consommer.

Losanges aux 3 couleurs en massepain

Prép. : 45 min - Cuiss. : 20 min
Pour 1 kg env.

Massepain : *350 g d'amandes mondées /2 blancs d'œufs /500 g de sucre cristallisé / 2 cuil. à soupe d'eau de fleur d'oranger / Sucre glace.*
Colorants alimentaires rouge et vert / 1 blanc d'œuf.

Préparer le massepain (p. 10).

Partager la boule de pâte obtenue en 3 parties égales. Colorer la première part avec du colorant rouge, la seconde avec du colorant vert et laisser la troisième de couleur neutre. Verser seulement quelques gouttes de colorant et rectifier ensuite la couleur si elle n'est pas assez soutenue.

Bien pétrir les 2 boules auxquelles on aura ajouté du colorant afin qu'elles aient une belle couleur bien homogène.

Abaisser chaque boule de pâte au rouleau à pâtisserie de façon à former des rectangles d'1 cm d'épaisseur. Les empiler les uns sur les autres en les faisant bien adhérer avec un badigeon de blanc d'œuf battu. Passer un léger tour de rouleau à pâtisserie sur la pile de pâte. Égaliser les bords au couteau pour obtenir un rectangle bien net. Couper dans ce rectangle des losanges de 5 cm de côté. Attendre quelques heures avant de consommer.

LOSANGES AUX 3 COULEURS

Vous trouverez ces losanges dans les pâtisseries arabes, généralement réalisés en massepain (pâte d'amandes cuite). Ainsi, ils sont plus compacts, plus lisses et plus fermes. Ils se conservent aussi plus longtemps.

Mais ils peuvent aussi être confectionnés avec de la pâte d'amandes ordinaire. Ils seront alors plus friables et devront être consommés assez vite.

Losanges de miel au sésame

Prép. : 15 min - Cuiss. : 15 min
6 pers.

500 g de graines de sésame / 300 g d'amandes mondées / 750 g de miel / 2 cuil. à soupe d'huile.

Faire légèrement dorer les graines de sésame à la poêle sans matière grasse. Faire de même avec les amandes.

Verser sésame et amandes dans un mortier et piler grossièrement.

Faire chauffer le miel à feu moyen. Quand celui-ci est bien liquide, incorporer les fruits secs. Laisser quelques minutes sur le feu en remuant constamment.

Huiler une plaque de cuisson. Y verser la préparation encore chaude. Une fois refroidie, découper en losanges d'environ 5 cm.

Losanges aux 3 couleurs en pâte d'amandes

Prép. : 35 min
Pour 1 kg env.

Pâte d'amandes : *600 g d'amandes mondées / 300 g de sucre cristallisé / 2 cuil. à soupe d'eau de fleur d'oranger. Colorants alimentaires rouge et vert / 1 blanc d'œuf / Sucre cristallisé.*

Préparer la pâte d'amandes (p. 6).

La réalisation de la recette est la même que celle des losanges au massepain (p. 42). Mais, avant de présenter ces losanges sur un plateau, les rouler dans du sucre cristallisé.

Ils peuvent être consommés aussitôt.

Loukoums à la rose

Prép. : 10 min - Cuiss. : 25 min
Pour 500 g env.

1 poignée d'amandes frites (p. 10) / 30 g de feuilles de gélatine / 500 g de sucre / 1 verre d'eau de rose / 1 citron / Colorant alimentaire rouge / 3 cuil. à soupe de sucre glace / 2 cuil. à soupe de farine de maïs / Huile de friture.

Piler grossièrement les amandes frites.

Faire dissoudre les feuilles de gélatine dans 15 cl d'eau.

Pendant ce temps, mettre le sucre à fondre 5 minutes sur feu moyen dans une grande casserole avec l'eau de rose, le jus du citron et 3 ou 4 gouttes de colorant alimentaire rouge. Ajouter petit à petit la gélatine d'une main en remuant constamment de l'autre main, puis les amandes grillées, et continuer la cuisson sur feu moyen une vingtaine de minutes en remuant sans arrêt et en râclant le fond de la casserole à la cuillère en bois. Verser la pâte formée sur 3 cm d'épaisseur dans un ou des moules passés au préalable sous l'eau froide. Laisser refroidir puis couper en cubes.

Mélanger le sucre glace et la farine de maïs et les passer au tamis. Rouler les loukoums dans cette mixture.

Loukoums aux agrumes

Prép. : 10 min - Cuiss. : 30 min - Repos : 1 nuit
Pour 500 g env.

30 g de feuilles de gélatine / 500 g de sucre en poudre / 1 citron / 1 orange / 5 gouttes d'eau de fleur d'oranger / 2 cuil. à soupe de farine de maïs / 3 cuil. à soupe de sucre glace.

Faire dissoudre les feuilles de gélatine dans 15 cl d'eau.

Faire fondre le sucre avec 20 cl d'eau sur feu moyen puis ajouter le zeste et le jus des agrumes, et l'eau de fleur d'oranger. Porter à ébullition et maintenir cette ébullition pendant une quinzaine de minutes.

Verser la gélatine dans le sirop de sucre et continuer la cuisson sur feu moyen pendant encore 15 minutes en remuant souvent à la cuillère en bois et en râclant le fond de la casserole.

Verser la pâte obtenue dans un ou des moules passés au préalable sous l'eau froide sur 3 cm d'épaisseur et laisser prendre pendant une nuit.

Couper ensuite en cubes et rouler dans le mélange de farine de maïs et de sucre glace passé au tamis.

Pêches en pâte d'amandes

Prép. : 1 h 30 min - Cuiss. : 30 min
Pour 12 pièces env.

500 g de pâte d'amandes (p. 6) / 1 carré de chocolat à croquer / Colorants alimentaires vert et rouge / 1 biscuit de Savoie / Sucre glace.
Pour le sirop : *200 g de sucre en poudre / 2 cuil. à soupe d'eau de fleur d'oranger.*

Mélanger une noix de pâte d'amandes avec quelques gouttes de chocolat fondu et confectionner des petites tiges de 5 mm.

Mélanger la valeur d'un œuf de pâte d'amandes avec quelques gouttes de colorant alimentaire vert et façonner de petites feuilles.

Découper le biscuit de Savoie en carrés de 4 cm. Réserver.

Confectionner un sirop en mélangeant le sucre avec 20 cl d'eau et l'eau de fleur d'oranger. Retirer du feu lorsque le sucre est complètement fondu et laisser tiédir. Tremper les carrés de biscuit dans ce sirop.

Sur un plan de travail saupoudré de sucre glace, abaisser au rouleau le reste de la pâte d'amandes colorée en rose avec quelques gouttes de colorant rouge sur une épaisseur de 2 mm. Découper dedans des ronds de 15 cm de diamètre et en envelopper les carrés de biscuit en pressant et en modelant la pâte d'amandes pour lui donner une forme de pêche.

Avec le dos d'un couteau, tracer un sillon de haut en bas. Placer les tiges et les feuilles et recouvrir de sucre glace.

Placer dans des petites caissettes en papier.

Vous pouvez confectionner d'autres fruits de la même façon (figues, poires, pommes...) en utilisant différents colorants alimentaires (du safran pour la couleur jaune) et en découpant des carrés de biscuit de la taille du fruit. De la sorte, vous pouvez réaliser toute une corbeille de fruits.

Tranches de massepain en roulade

Prép. : 45 min - Cuiss. : 20 min
Pour 1 kg env.

Massepain : *350 g d'amandes mondées / 2 blancs d'œufs / 500 g de sucre cristallisé / 2 cuil. à soupe d'eau de fleur d'oranger / Sucre glace.*
Colorants alimentaires rouge et vert / 1 blanc d'œuf.

La réalisation de cette recette est la même que celle des losanges en massepain (p. 42).

Séparer de la même façon la boule de pâte en 3 parts égales. Colorer l'un des morceaux avec du colorant rouge, l'autre avec du colorant vert et laisser le troisième de couleur neutre.

Faire un long rouleau de 2 cm de diamètre avec l'une des boules de massepain. Abaisser les 2 boules restantes au rouleau à pâtisserie en 2 rectangles de la même longueur que le rouleau. Badigeonner un des rectangles de blanc d'œuf et l'enrouler autour du rouleau de massepain. Couper le morceau de pâte qui dépasse. Badigeonner de blanc d'œuf le dernier rectangle de pâte et l'enrouler de la même façon autour du rouleau. Couper le morceau de pâte qui chevauche.

Couper les extrémités du rouleau puis celui-ci en tranches d'environ 1 cm.

Consommer au bout de quelques heures.

Cette recette peut aussi être réalisée avec de la pâte d'amandes (p. 6). Mais, avant de présenter ces tranches sur un plateau, les rouler dans du sucre cristallisé. Ils peuvent être consommés aussitôt.

Tamina

Prép. : 10 min
Cuiss. : 5 min - 4 à 5 pers.

500 g de semoule moyenne / 250 g de beurre / 250 g de miel / 1 cuil. à soupe d'eau de fleur d'oranger / 1 cuil. à café de cannelle / 100 g d'amandes grossièrement hachées.

Dans une poêle, sans matière grasse, faire griller la semoule sur feu doux en remuant sans arrêt à la cuillère en bois jusqu'à ce qu'elle prenne une belle couleur dorée. Retirer du feu et réserver dans une grande terrine.

Faire fondre dans une casserole le beurre, le miel avec l'eau de fleur d'oranger et verser le tout sur la semoule. Bien mélanger.

Répartir dans des assiettes individuelles en aplanissant la semoule, parfumer avec la cannelle en poudre et garnir avec les amandes grillées quelques minutes à la poêle.

Anneaux aux amandes Fanid

Prép. : 40 min - Cuiss. : 10 min
Pour 15 pièces env.

1 kg d'amandes mondées / 1 kg de sucre glace / 3 blancs d'œufs / Farine.

Broyer très finement les amandes au mixeur. Verser dans un grand plat creux avec le sucre glace et incorporer les blancs d'œufs. Commencer à mélanger à la cuillère en bois puis au fouet électrique jusqu'à l'obtention d'une pâte ferme mais malléable.

Prélever de cette pâte l'équivalent d'un œuf et former un cigare d'1 cm de diamètre puis une couronne en joignant les 2 bouts. Faire de même avec un autre morceau de pâte d'amandes et poser les 2 couronnes l'une sur l'autre.

Continuer l'opération jusqu'à épuisement de la pâte. Poser les pièces sur une plaque farinée et mettre au four à 180 °C (th. 6), une dizaine de minutes.

Baklavas aux noix et au miel

Prép. : 2 h - Cuiss. : 1 h - Repos : 24 h
Pour 20 à 25 pièces env.

Pour la pâte d'amandes : *500 g de noix / 150 g de sucre en poudre / 3 cuil. à soupe d'eau de fleur d'oranger ou d'eau de rose / 1 cuil. à café de cannelle en poudre.*
Pour la pâte : *500 g de farine / 300 g de semoule fine / 150 g de beurre / 1 pincée de sel / 1 œuf / Fécule de maïs / 300 g de beurre / 100 g d'amandes entières / 300 g de miel.*

Réalisation : voir baklavas aux amandes et aux pistaches (p. 54).

Baklavas aux amandes et aux pistaches

Prép. : 2 h - Cuiss. : 1 h - Repos : 24 h
Pour 20 à 25 pièces

Pour la pâte d'amandes : *300 g d'amandes / 200 g de pistaches non salées / 150 g de sucre en poudre / 3 cuil. à soupe d'eau de fleur d'oranger ou d'eau de rose / 1 cuil. à café de cardamome en poudre.*
Pour la pâte : *500 g de farine / 300 g de semoule fine / 150 g de beurre / 1 pincée de sel / 1 œuf / Fécule de maïs / 300 g de beurre / 100 g d'amandes entières / 300 g de miel.*

Commencer par préparer la pâte d'amandes. Broyer finement au mixeur les amandes avec les pistaches. Mélanger avec le sucre et l'eau de fleur d'oranger (ou l'eau de rose) et la cardamome jusqu'à l'obtention d'une pâte homogène. Réserver.

Préparer ensuite la pâte feuilletée. Verser dans un grand plat la farine et la semoule. Mélanger. Ajouter le beurre coupé en petits bouts, la pincée de sel et l'œuf. Pétrir une quinzaine de minutes en ajoutant de l'eau petit à petit. La pâte obtenue doit être bien ferme.

Séparer en 12 morceaux égaux. Les saupoudrer de fécule de maïs ainsi que le plan de travail et le rouleau à pâtisserie. Abaisser chacun d'eux en un carré le plus fin possible.

Beurrer généreusement une plaque de cuisson et faire fondre le beurre restant. Poser un premier carré de pâte sur la plaque et le badigeonner de beurre fondu à l'aide d'un pinceau. Poser ainsi 7 carrés de pâte les uns sur les autres en recouvrant à chaque fois de beurre fondu.

Étaler la pâte d'amandes sur toute la surface de la pâte puis disposer les 5 feuilles restantes en continuant à badigeonner de beurre fondu. À l'aide d'un petit couteau pointu, dessiner profondément des losanges de 4 cm de côté, dans le feuilletage de pâte. Poser une amande entière sur chaque losange et verser sur l'ensemble du gâteau 3 cuillerées à soupe de beurre fondu. Enfourner et faire cuire à 180 °C (th. 6) pendant environ 1 heure.

Quelques minutes avant la fin de la cuisson, faire fondre le miel dans une casserole. En recouvrir le gâteau tout juste sorti du four. Découper bien nettement le gâteau en losanges et attendre 24 heures avant de consommer afin que les feuilletés s'imprègnent bien du miel.

Biscuits à la cannelle

Prép. : 30 min - Repos : 12 h - Cuiss. : 20 min
Pour 40 pièces env.

500 g de farine / 300 g de beurre ramolli / 3 œufs / 250 g de sucre en poudre / 150 g d'amandes en poudre / 2 cuil. à soupe de cannelle / 1 orange non traitée / Huile.

Mélanger à la main la farine et le beurre coupé en petits morceaux. Incorporer 2 œufs et continuer de pétrir. Ajouter le sucre, les amandes, la cannelle et le zeste de l'orange râpé. Travailler jusqu'à l'obtention d'une pâte homogène. Former une boule et laisser reposer pendant 12 heures dans un plat recouvert d'un torchon.

Au bout de ce temps, abaisser la pâte au rouleau sur une épaisseur d'1,5 cm puis découper des biscuits avec un verre ou un emporte-pièce.

Déposer sur une plaque de cuisson huilée en laissant un peu d'espace entre chacun d'eux, dorer au jaune d'œuf battu et faire cuire à 180 °C (th. 6), pendant une vingtaine de minutes.

Biscuit mouskoutchou

Prép. : 30 min - Cuiss. : 30 min
6 pers.

5 œufs / 200 g de sucre en poudre / 1 sachet de sucre vanillé / 175 g de beurre ramolli / 1/2 verre de lait / 1 sachet de levure chimique / 300 g de farine / Beurre (pour le moule) / Sucre glace.

Battre les jaunes d'œufs (réserver les blancs) avec le sucre et le sucre vanillé. Quand le tout commence à blanchir, ajouter le beurre, le lait et la levure. Bien mélanger puis verser la farine en pluie en continuant à remuer.

Faire monter les blancs en neige. Les incorporer délicatement à la pâte.

Beurrer généreusement un moule à savarin et y verser la préparation. Cuire pendant une trentaine de minutes à 180 °C (th. 6).

Servir saupoudré de sucre glace.

Briouats au miel et aux amandes

Prép. : 1 h 30 min - Cuiss. : 30 min
Pour 40 pièces

250 g d'amandes mondées / 2 l d'huile de friture (environ) / 150 g de sucre en poudre / 1 cuil. à café de cannelle / 2 cuil. à soupe d'eau de fleur d'oranger / 1 feuille de ouarka de 15 x 15 cm par briouat / 1 kg de miel.

Faire frire les amandes en gardant l'huile de friture.

Hacher finement les amandes au mixeur et ajouter le sucre, la cannelle et l'eau de fleur d'oranger. Bien mélanger le tout.

Étaler de la pâte d'amandes sur une première feuille de ouarka et la plier de façon rectangulaire ou triangulaire (p. 9). Faire de même pour toutes les feuilles.

Faire frire les briouats par 3 ou 4 dans l'huile chaude mais non bouillante, quelques minutes de chaque côté pour qu'ils soient bien dorés puis poser au fur et à mesure sur du papier absorbant.

Quand tous les briouats sont frits, faire chauffer le miel et retirer du feu. Jeter les briouats quelques secondes dans le miel brûlant et égoutter.

Laisser refroidir avant de servir.

Les briouats peuvent se conserver quelques jours dans une boîte en fer.

Briouats au riz

Prép. : 1 h - Cuiss. : 20 min
Pour 30 pièces

200 g de riz rond / 75 cl de lait / 50 g de beurre / 75 g de sucre en poudre / 2 cuil. à soupe d'eau de fleur d'oranger / 2 cuil. à café de cannelle en poudre / 1 feuille de ouarka de 15 x 15 cm par briouat / 2 l d'huile de friture environ / Une pincée de sel.

Jeter le riz 3 minutes dans 1,5 l d'eau bouillante. Égoutter.

Faire bouillir le lait dans une grande casserole. Y verser le riz et ajouter le beurre et le sel. Faire cuire sur feu doux pendant une quinzaine de minutes. Incorporer le sucre, l'eau de fleur d'oranger, et saupoudrer la cannelle. Laisser refroidir.

Étaler du riz au lait sur une première feuille de ouarka et la plier de façon rectangulaire ou triangulaire (p. 9). Faire de même pour toutes les feuilles.

Faire frire les briouats par 3 ou 4 dans de l'huile chaude mais non bouillante, quelques minutes de chaque côté, jusqu'à ce qu'ils soient bien dorés. Les égoutter sur du papier absorbant.

Saupoudrer de cannelle et de sucre glace avant de servir.

Cornes de gazelle

Prép. : 1 h - Cuiss. : 10 à 15 min
Pour 30 à 40 pièces

Pour la pâte d'amandes : *500 g d'amandes mondées / 250 g de sucre semoule / 1/2 cuil. à café de cannelle / 3 cuil. à soupe d'eau de fleur d'oranger / 1 cuil. à soupe de beurre.*
Pour la pâte : *250 g de farine / 2 cuil. à soupe d'eau de fleur d'oranger / 2 cuil. à soupe de beurre / 2 blancs d'œuf.*

Hacher finement les amandes au mixeur avec le sucre et pétrir avec la cannelle, l'eau de fleur d'oranger et le beurre fondu. Faire des boules de la grosseur d'une noix avec la pâte obtenue et rouler ces boules pour obtenir des cigares de 10 cm. Réserver.

Mettre la farine dans un plat creux, former une fontaine au centre et verser l'eau de fleur d'oranger, le beurre fondu et 1 blanc d'œuf. Pétrir l'ensemble, en ajoutant de l'eau, jusqu'à l'obtention d'une pâte élastique.

Prendre un morceau de pâte de la valeur d'une orange et l'étendre au rouleau pour obtenir une longue bande de 10 cm de large et d'1 mm d'épaisseur. Poser les cigares de pâte d'amandes les uns derrière les autres en laissant 3 cm d'espace entre eux. Rabattre la pâte de façon à recouvrir les cigares. Recourber chacun d'eux en forme de croissant de lune. Souder les bords, séparer les cigares les uns des autres et enlever le trop plein de pâte à l'aide d'une roue dentée. Pincer les extrémités des cornes de gazelle et les presser légèrement pour les aplatir. Renouveler l'opération jusqu'à épuisement de la pâte et de la pâte d'amandes.

Placer les cornes de gazelle sur la plaque du four préalablement beurrée, les piquer d'un coup de fourchette et les badigeonner de blanc d'œuf. Enfourner et laisser cuire de 10 à 15 minutes à 180 °C (th. 6).

Cornes de gazelle au sucre glace

Prép. : 1 h - Cuiss. : 10 à 15 min
Pour 30 à 40 pièces

Pour la pâte d'amandes : *500 g d'amandes mondées / 250 g de sucre semoule / 1/2 cuil. à café de cannelle / 3 cuil. à soupe d'eau de fleur d'oranger / 1 cuil. à soupe de beurre.*
Pour la pâte : *250 g de farine / 1 cuil. à soupe d'eau de fleur d'oranger / 1 cuil. à soupe de beurre / 1 blanc d'œuf. 25 cl d'eau de fleur d'oranger / Sucre glace.*

Préparer les cornes de gazelle (p. 60).

Une fois sorties du four, les tremper dans l'eau de fleur d'oranger chaude et les rouler dans le sucre glace.

Cornes de gazelle au sésame

Prép. : 20 min - Cuiss. : 10 min
Pour 30 à 40 pièces

500 g d'amandes mondées / 250 g de sucre en poudre / 1/2 cuil. à café de cannelle / 3 cuil. à soupe d'eau de fleur d'oranger / 1 cuil. à soupe de beurre / 500 g de graines de sésame.

Broyer les amandes avec le sucre au mixeur. Verser dans un saladier et pétrir avec la cannelle, l'eau de fleur d'oranger et le beurre fondu.

Faire des boules avec cette pâte de la taille d'une noix et les rouler pour former des cigares d'une dizaine de centimètres.

Saupoudrer la table de travail de graines de sésame. Y rouler les cigares en appuyant légèrement pour que le sésame accroche bien à la pâte d'amandes. Recourber les cigares en croissant de lune et les disposer sur une plaque de cuisson recouverte de papier sulfurisé.

Faire cuire 10 minutes environ à 180 °C (th. 6).

Boules hérisson

Prép. : 30 min - Cuiss. : 15 min par fournée
Pour 60 pièces env.

750 g d'amandes en poudre / 500 g de sucre en poudre / 1 sachet de sucre vanillé (facultatif) / 5 œufs / 1 citron non traité / 1 cuil. à soupe d'eau de fleur d'oranger / 200 g d'amandes grossièrement hachées / 1 sachet de cerises confites.

Mettre dans une grande terrine la poudre d'amandes avec le sucre en poudre, le sucre vanillé, les œufs, le zeste du citron râpé et l'eau de fleur d'oranger. Malaxer jusqu'à obtention d'une pâte ferme et homogène.

Former avec cette pâte des boules de la grosseur d'une noix. Les aplatir légèrement. Passer rapidement ces noix dans les amandes hachées puis les garnir d'une moitié de cerise confite.

Poser ces boulettes sur une plaque légèrement farinée en les espaçant les unes des autres et faire cuire chaque fournée une quinzaine de minutes à 180 °C (th. 6).

Croquets aux amandes

Prép. : 30 min - Cuiss. : 25 min
Pour 30 pièces env.

500 g d'amandes mondées / 400 g de beurre / 5 œufs / 500 g de sucre en poudre / Zeste d'1 citron / 1 kg de farine / 2 sachets de levure chimique / Beurre (pour la plaque) / 2 cuil. à soupe de cassonade.

Passer les amandes au pilon de façon à les casser en 4 ou 5 morceaux.

Faire fondre le beurre. Le mélanger avec les œufs, le sucre en poudre, les amandes et le zeste de citron finement râpé. Ajouter la farine et la levure en pluie en continuant à remuer, puis pétrir jusqu'à l'obtention d'une pâte ferme et lisse.

Faire une boule de la pâte et la séparer en 2 parties égales. Former avec chacune d'elles un rouleau d'un diamètre de 8 cm et l'aplatir légèrement. Poser les 2 rouleaux sur une plaque beurrée, les badigeonner de jaune d'œuf et les saupoudrer d'un peu de cassonade. Faire cuire à 180 °C (th. 6) pendant environ 20 minutes.

Couper en biais des parts de 3 cm et remettre au four 5 minutes pour dorer les côtés. Laisser refroidir avant de déguster.

Ces gâteaux, enfermés dans une boîte hermétique, se conservent très bien.

Ghoribas aux amandes

Prép. : 25 min - Cuiss. : 20 min
Pour 40 à 50 pièces

150 g de sucre en poudre / 4 œufs / 1 sachet de sucre vanillé / 1/2 sachet de levure chimique / 1 citron non traité / 750 g d'amandes en poudre / 100 g de semoule fine / Sucre glace / Eau de fleur d'oranger / Huile.

Battre le sucre et les œufs jusqu'à ce qu'ils blanchissent. Ajouter le sucre vanillé, la levure ainsi que le zeste du citron. Bien mélanger puis incorporer les amandes et la semoule.

Saupoudrer la surface de travail de sucre glace. S'enduire les mains d'eau de fleur d'oranger et former des boules avec la pâte de la taille d'une grosse noix. Les poser sur le sucre glace en les aplatissant pour qu'elles prennent la forme de macarons.

Huiler la plaque du four et disposer les ghoribas, la face avec le sucre glace vers le haut, en les espaçant de 5 cm. Faire cuire à 180 °C (th. 6), pendant une vingtaine de minutes.

Ghoribas à la semoule

Prép. : 25 min - Cuiss. : 20 min
Pour 30 pièces env.

250 g de sucre / 3 œufs / 1/2 verre d'huile / 1/2 sachet de levure chimique / 1/2 cuil. à café de cannelle / 1/2 sachet de sucre vanillé / 500 g de semoule fine / Sucre glace / Eau de fleur d'oranger / Huile.

Battre le sucre et les œufs jusqu'à ce qu'ils blanchissent. Ajouter l'huile, la levure, la cannelle et le sucre vanillé. Mettre la semoule en dernier. Bien mélanger.

Saupoudrer la surface de travail de sucre glace.

S'enduire les mains d'eau de fleur d'oranger et confectionner avec la pâte des boules de la taille d'une grosse noix. Les poser sur le sucre glace en les aplatissant pour qu'elles prennent la forme de macarons.

Huiler la plaque du four et disposer les ghoribas, la face avec le sucre glace vers le haut, en les espaçant de 5 cm. Laisser cuire à 180 °C (th. 6), pendant une vingtaine de minutes.

Ghoribas au beurre

Prép. : 45 min - Repos : 1 h - Cuiss. : 15 min
Pour 30 pièces env.

300 g de beurre ramolli / 150 g de sucre glace / 1 gousse de vanille / 1/2 sachet de levure chimique / 375 g de farine / Sucre glace (pour la garniture).

Mélanger le beurre avec le sucre glace.

Fendre la gousse de vanille en 2 sur toute sa longueur et gratter l'intérieur, ajouter au beurre. Incorporer la levure puis la farine petit à petit. Bien mélanger le tout et rassembler en boule la pâte obtenue. Laisser reposer 1 heure dans un endroit frais.

Prendre la valeur d'une noix de pâte et former une boule. L'aplatir avec la paume de la main pour lui donner la forme d'un macaron d'environ 4 cm de diamètre. Continuer jusqu'à épuisement de la pâte en disposant au fur et à mesure sur une plaque de cuisson recouverte de papier sulfurisé. Laisser un peu d'espace entre chaque gâteau. Décorer chaque macaron en plantant en chacun d'eux une amande entière.

Saupoudrer de sucre glace et laisser cuire 15 minutes à 180 °C (th. 6).

Doigts de la mariée

Prép. : 30 min - Cuiss. : 45 min
Pour 30 à 40 pièces

4 œufs / 5 cuil. à soupe de sucre en poudre / 1 sachet de sucre vanillé / 1 sachet de levure chimique / 4 cuil. à soupe d'huile / 1 citron / 500 g de farine / Sucre glace.

Battre les œufs au fouet dans un grand plat. Ajouter le sucre, le sucre vanillé, la levure, l'huile et le zeste du citron. Continuer à mélanger au fouet. Incorporer la farine petit à petit en mélangeant en même temps à la spatule. Remuer jusqu'à l'obtention d'une pâte homogène.

Façonner avec cette pâte des bâtonnets d'environ 5 cm de long et 5 mm d'épaisseur.

Faire dorer par 4 ou 5 dans une huile de friture pas trop chaude.

Déguster au fur et à mesure de la cuisson, saupoudré de sucre glace.

Makrouts aux amandes

Prép. : 30 min - Cuiss. : 10 min
Pour 40 pièces env.

Pour la pâte d'amandes : *750 g d'amandes / 350 g de sucre / 3 zestes de citron râpés / 5 œufs / 200 à 250 g de farine.*
Pour le sirop : *750 g de sucre / 1/2 verre d'eau de fleur d'oranger.*
Sucre glace / Farine.

Broyer finement les amandes au mixeur. Mélanger dans un plat creux avec le sucre et les zestes de citron. Ajouter les œufs un par un en continuant à remuer. Incorporer la farine. La pâte obtenue doit être consistante et homogène.

Abaisser la pâte au rouleau sur 3 cm d'épaisseur. Découper dedans des losanges d'environ 4 cm de côté.

Disposer sur une plaque de cuisson farinée et faire cuire à 150 °C (th. 5), une dizaine de minutes.

Pendant la cuisson des losanges, préparer le sirop. Verser 40 cl d'eau avec le sucre et l'eau de fleur d'oranger. Porter à ébullition et laisser sur feu vif pendant 5 minutes.

Attendre que le sirop tiédisse et y jeter les losanges. Retirer à l'écumoire et disposer sur un plat de service. Saupoudrer de sucre glace.

Losanges de semoule aux dattes bradj

Prép. : 40 min - Cuiss. : 10 min
Pour 30 pièces env.

Pour la pâte de dattes : *500 g de dattes / 2 cuil. à soupe d'huile / 1 cuil. à soupe d'eau de fleur d'oranger / 1 cuil. à café de cannelle / 5 clous de girofle pilés.*
Pour la pâte de semoule : *125 g de beurre / 500 g de semoule fine / 1/2 cuil. à café de sel.*

Passer les dattes dénoyautées et débarrassées des débris de peau à la moulinette. Verser dans une terrine et mélanger avec l'huile, l'eau de fleur d'oranger, la cannelle et les clous de girofle. Travailler à la main jusqu'à l'obtention d'une pâte homogène.

Faire fondre le beurre, le verser avec la semoule et le sel dans une grande assiette creuse. Mélanger et ajouter 75 cl d'eau petit à petit en continuant à remuer de l'autre main jusqu'à l'obtention d'une pâte consistante.

Former une boule avec la semoule et la partager en 2. Abaisser une première boule de semoule à la main pour en faire une galette d'environ 1 cm d'épaisseur. Étaler dessus la pâte de dattes et recouvrir le tout de la deuxième boule de semoule aplatie. Passer un léger tour de rouleau sur l'ensemble pour lui donner une épaisseur de 2 cm. Découper en forme de losanges d'environ 6 cm de côté.

Mettre l'huile de friture à chauffer dans une cocotte. Quand elle est bien chaude mais non bouillante, verser délicatement les losanges. Les tourner de temps en temps afin qu'ils dorent de tous côtés.

Retirer à l'aide d'une écumoire et déposer sur du papier absorbant. Laisser refroidir avant de déguster.

Oreillettes au miel griouch

Prép. : 1 h 30 min - Cuiss. : 1 h
Pour 10 pièces env.

200 g de graines de sésame / 300 g de beurre / 1 kg de farine / 1 sachet de levure chimique / Une pincée de sel / 1 œuf / 2 cuil. à soupe d'eau de fleur d'oranger / 2 cuil. à soupe de vinaigre / 1 capsule de 0,1 g de safran / 200 g de graines de sésame moulues / 2 l d'huile de friture / 500 g de miel.

Faire revenir doucement les graines de sésame dans une poêle sans matière grasse. Retirer du feu quand elles commencent à dorer. Réserver.

Faire fondre le beurre.

Mettre la farine, la levure et le sel dans un grand saladier, mélanger et former un puits. Y verser le beurre fondu. Mélanger le tout à la cuillère en bois puis frotter entre les mains pour sabler la pâte. Ajouter l'œuf, l'eau de fleur d'oranger, le vinaigre, le safran et les graines de sésame moulues. Pétrir jusqu'à l'obtention d'une pâte consistante et malléable.

Prendre un morceau de la pâte obtenue de la valeur d'une orange. L'abaisser au rouleau sur 2 mm d'épaisseur. Avec une roue dentée, découper un rectangle de 8 x 12 cm et pratiquer des incisions sur toute la longueur tous les 4 cm (3 incisions) en laissant environ 1 cm en haut et en bas de ce rectangle. Poser la pièce de pâte obtenue à plat dans la main gauche, passer l'index, le majeur et l'annulaire de la main droite dans une lanière sur deux de façon que les première et troisième lanières passent sur les doigts et que les deuxième et quatrième lanières passent dessous. Puis saisir le coin de pâte en bas à gauche du rectangle et le passer dans l'incision pratiquée entre la troisième et la quatrième lanière. Le pincer le plus près possible du coin en haut à droite. Poser délicatement l'oreillette obtenue sur un plan de travail. Continuer ainsi jusqu'à épuisement de la pâte.

Verser l'huile de friture dans une cocotte et faire chauffer sur feu moyen. Faire frire les oreillettes en les remuant de temps en temps pour qu'elles dorent bien de tous les côtés. Les égoutter.

Mettre le miel à chauffer quelques minutes et en arroser les gâteaux. Saupoudrer de graines de sésame.

Montecaos

Prép. : 30 min - Cuiss. : 20 min par fournée
Pour 50 pièces env.

1 kg de farine / 1/2 sachet de levure chimique / 300 g de sucre / 2 sachets de sucre vanillé / Une pincée de sel / 1/2 l d'huile / 1 œuf / 100 g d'amandes (facultatif) / Cannelle en poudre.

Mélanger dans un grand saladier : la farine, la levure, le sucre, le sucre vanillé et le sel. Former un puits au milieu et y verser l'huile et l'œuf. Incorporer la farine à l'huile petit à petit en travaillant du bout des doigts. Quand l'huile a bien absorbé toute la farine, pétrir pendant une dizaine de minutes.

Former avec la pâte obtenue des boules de la grosseur d'une clémentine, légèrement aplaties sur le dessus. Les piquer d'une amande (facultatif) et les saupoudrer de cannelle.

Placer les boulettes sur une plaque huilée ou recouverte de papier sulfurisé en les espaçant les unes des autres. Enfourner et cuire à 180 °C (th. 6), pendant 20 minutes.

Laisser refroidir avant de consommer.

Montecaos à la constantinoise

Prép. : 25 min
Cuiss. : 30 min par fournée - Pour 40 pièces env.

225 g de beurre / 225 g de sucre glace / 250 g de farine / 1 Œuf / Cannelle (facultatif) / Huile.

Battre au fouet électrique le beurre coupé en petits morceaux avec le sucre jusqu'à ce que le mélange blanchisse et double de volume. Incorporer la farine et l'œuf petit à petit tout en mélangeant à la main et pétrir cette pâte. Quand elle est bien consistante, l'abaisser au rouleau sur 1 cm d'épaisseur.

Découper des gâteaux avec un verre ou un emporte-pièce et les disposer sur une plaque de cuisson huilée en laissant un petit espace entre eux. Mettre au four 45 minutes à 120 °C (th. 4).

Laisser refroidir avant de déguster.

Petits-beurre bechkitos

Prép. : 25 min - Cuiss. : 15 min
Pour 20 pièces env.

4 œufs / 150 g de sucre semoule / 1 sachet de sucre vanillé / 1/2 verre d'huile / 2 sachets de levure / 1 citron non traité / 500 g de farine / 3 cuil. à soupe de fécule de maïs / Sucre glace.

Casser les œufs en réservant un des jaunes. Battre le reste avec les sucres. Quand le mélange commence à blanchir, ajouter l'huile, la levure ainsi que le zeste du citron râpé et continuer à battre quelques minutes. Enfin, incorporer la farine et la fécule petit à petit et travailler à la main

Fariner le plan de travail et étaler la pâte pour qu'elle fasse 5 mm d'épaisseur, puis la découper en rondelles à l'aide d'un verre.

Huiler la plaque du four et déposer les ronds de pâte en gardant une séparation de 2 cm entre chacun. Enduire au pinceau les biscuits de jaune d'œuf et saupoudrer généreusement de sucre glace. Mettre à cuire à 180 °C (th. 6), pendant une quinzaine de minutes.

Petits gâteaux secs feqqas

Prép. : 1 h 20 min - Repos : 4 h - Cuiss. : 35 min
6 pers.

1 kg de farine / 40 g de levure de boulanger / 350 g de sucre en poudre / 200 g de beurre fondu / 1/2 verre d'eau de fleur d'oranger / 3 grains de gomme arabique pilés / 2 cuil. à soupe de graines de sésame / 1 cuil. à soupe de graines d'anis / 1/2 cuil. à café de sel / 1 jaune d'œuf.

Préparer une pâte à krachel (p. 82) mais au lieu de former des boules, façonner des boudins d'environ 20 cm de long, de 2 cm de large et d'1 cm d'épaisseur. Poser sur un linge en laissant de l'espace entre eux (ils doivent doubler de volume) et recouvrir d'un autre linge. Laisser reposer 2 heures.

Disposer sur la plaque de cuisson du four, piquer de quelques coups de fourchette, dorer à l'œuf et faire cuire à 120 °C (th. 4), pendant 30 minutes environ.

Surveiller la cuisson de temps en temps, les boudins devant juste être blonds et n'avoir pas commencé à dorer. Laisser refroidir puis couper en petits tronçons de 5 mm.

Disposer à nouveau sur la plaque du four et laisser cuire 10 minutes à 240 °C (th. 8).

Ces petits gâteaux secs se conservent très bien dans une boîte hermétiquement fermée.

Petites corbeilles aux amandes knidlettes

Prép. : 1 h - Cuiss. : 15 à 20 min
Pour 30 pièces env.

1 kg d'amandes mondées / 500 g de sucre en poudre / 2 sachets de sucre vanillé / 2 zestes de citron râpés / 6 œufs / 500 g de farine / 100 g de beurre fondu / Une pincée de sel / 3 cuil. à soupe d'eau de fleur d'oranger / 1 sachet de perles argentées.

Moudre finement les amandes au mixeur et les mélanger avec les sucres et les zestes de citron. Ajouter les œufs un par un en continuant à remuer jusqu'à l'obtention d'une pâte ferme. Réserver.

Mettre la farine dans un plat creux, former un puits et verser le beurre fondu, une pincée de sel diluée dans un peu d'eau et l'eau de fleur d'oranger. Pétrir le tout en ajoutant de l'eau petit à petit.

Quand la pâte est consistante et malléable, former une boule et partager en 4 morceaux. Abaisser chacun d'eux sur 2 mm d'épaisseur. Découper des ronds de 10 cm de diamètre et placer dans chacun d'eux une noix de pâte d'amandes. Relever les bords en les pinçant en une dizaine d'endroits pour former une sorte de corbeille aux bords gondolés. Presser légèrement ces corbeilles pour que la pâte d'amandes les emplisse bien. Garnir de quelques perles argentées.

Pendant ce temps, placer les corbeilles sur une plaque farinée en les mettant bien les unes à côté des autres pour éviter qu'elles s'affaissent. Laisser cuire de 10 à 15 minutes, à 180 °C (th. 6).

Petits gâteaux secs feqqas aux amandes

Prép. : 50 min - Cuiss. : 15 min
Pour 20 pièces env.

Pour la pâte : *4 œufs / 150 g de sucre semoule / 1 sachet de sucre vanillé / 1/2 verre d'huile / 1 sachet de levure / 1 citron non traité / 500 g de farine / 3 cuil. à soupe de fécule de maïs / Sucre glace.*
Pour la pâte d'amandes : *40 g de beurre / 400 g d'amandes mondées / 150 g de sucre en poudre / 1,5 cuil. à soupe d'eau de fleur d'oranger / 1 cuil. à café de cannelle.*

Préparer la pâte à bechkitos (p. 74).

Faire fondre le beurre. Hacher finement les amandes au mixeur avec le sucre. Ajouter à ce mélange l'eau de fleur d'oranger, le beurre fondu et la cannelle et mélanger jusqu'à obtention d'une pâte homogène.

Former des bâtonnets avec la pâte d'amandes, de la grosseur d'un petit doigt et d'une longueur de 20 cm.

Sur un plan de travail huilé, étaler la pâte jusqu'à une épaisseur de 3 mm. Découper des bandes de 6 cm de large.

Enrouler une bande de pâte autour de chaque bâtonnet de pâte d'amandes. Amincir les bâtonnets en les roulant sur eux-mêmes. Égaliser avec soin les extrémités.

Découper chaque rouleau en petites rondelles et les disposer sur la plaque du four huilée. Enfourner à 180 °C (th. 6), et laisser cuire une quinzaine de minutes. Les feqqas doivent être bien dorés.

Laisser refroidir avant de servir.

Les feqqas peuvent se conserver quelques jours dans une boîte en fer.

Samsa

Prép. : 1 h - Cuiss. : 20 min
Pour 30 pièces env.

Pour la garniture : *300 g d'amandes en poudre / 100 g de sucre en poudre / 1 cuil. à café de cannelle / 2 cuil. à soupe d'eau de fleur d'oranger.*
Pour la pâte : *500 g de farine / 100 g de beurre / 2 pincées de sel / 2 l d'huile de friture / 200 g de miel.*

Préparer la pâte d'amandes. Mélanger les amandes en poudre, le sucre et la cannelle. Quand la pâte est ferme et homogène, parfumer avec l'eau de fleur d'oranger. Réserver.

Frotter entre les mains pendant 5 minutes la farine, le beurre ramolli et le sel puis ajouter de l'eau petit à petit tout en pétrissant jusqu'à ce que la pâte soit malléable. Diviser cette boule de pâte en 3 parts égales.

Saupoudrer le plan de travail de farine. Aplatir chaque boule au rouleau jusqu'à une épaisseur de 2 mm et découper chaque feuille obtenue en longues bandes d'environ 6 cm de large.

Prendre une noix de pâte d'amandes, la déposer au bas d'une des bandes, à 1 cm du bord, et l'aplatir légèrement. Plier la bande de façon triangulaire de manière à recouvrir la pâte d'amandes et continuer à la rabattre sur elle-même en triangle sur toute la longueur de la bande. Enfiler le bout de pâte restant dans le dernier pli. Aplatir doucement le triangle obtenu. Continuer ainsi jusqu'à épuisement de la pâte et de la garniture.

Plonger les triangles par 3 ou 4 dans l'huile de friture chaude mais non bouillante. Les faire dorer quelques minutes des 2 côtés. Les égoutter sur du papier absorbant et les disposer sur un plat de service.

Faire fondre le miel dans une casserole et en recouvrir les gâteaux.

Chrik
(petites brioches)

Prép. : 30 min - Cuiss. : 30 min
Pour 15 pièces env.

1 kg de farine / 250 g de sucre / 200 g de beurre / 4 œufs / Une pincée de sel / 1 noix de levure de boulanger / 200 g de graines de sésame / 10 cl de lait environ / 1 jaune d'œuf.

Mélanger la farine avec le sucre dans une grande terrine. Former un puits.

Faire fondre le beurre et le verser dans le puits avec les œufs, le sel et la levure diluée dans un peu d'eau. Bien mélanger et incorporer 150 g de graines de sésame.

Verser du lait tiède petit à petit sur la préparation jusqu'à l'obtention d'une pâte élastique et malléable. Pétrir cette pâte pendant 15 minutes environ.

Former des boules de la grosseur d'une belle mandarine et disposer sur une plaque de cuisson huilée. Badigeonner de jaune d'œuf et saupoudrer du reste de sésame. Laisser lever pendant 30 minutes.

Enfourner les brioches à 180 °C (th. 6) et faire cuire pendant 20 à 30 minutes.

Pain aux dattes

Prép. : 1 h - Repos : 2 h - Cuiss. : 1 h
6 pers.

200 g de dattes / 500 g de farine / 20 g de levure de boulanger / 40 cl de lait / 1/2 cuil. à café de sel.

Dénoyauter les dattes, les hacher grossièrement et les faire ramollir dans de l'eau chaude.

Mélanger 100 g de farine avec la levure émiettée et le lait tiède. Laisser gonfler dans un endroit chaud puis incorporer le reste de la farine, les dattes égouttées et le sel. Bien pétrir le tout afin d'obtenir une pâte ferme. Former une boule et laisser reposer 1 heure dans un plat recouvert d'un torchon.

Beurrer un moule à cake.

Pétrir à nouveau la pâte et lui faire prendre à peu près la forme du moule. Laisser lever encore 1 heure avec le torchon. Inciser la pâte sur toute sa longueur et faire cuire à 180 °C (th. 6), pendant 1 heure.

Krachel

(petits pains sucrés)

Prép. : 1 h 20 min - Repos : 4 h
Cuiss. : 30 à 45 min - Pour 15 pièces env.

1 kg de farine / 40 g de levure de boulanger / 1/2 cuil. à café de sel / 350 g de sucre en poudre / 200 g de beurre fondu / 1/2 verre d'eau de fleur d'oranger / 3 grains de gomme arabique pilés / 2 cuil. à soupe de graines de sésame / 1 cuil. à soupe de grains d'anis / 1 jaune d'œuf.

Verser la moitié de la farine dans un grand récipient avec 30 g de levure diluée dans un peu d'eau et le sel. Former un puits et verser petit à petit 3 verres d'eau tiède en mélangeant à la main.

Quand la pâte est homogène, la pétrir énergiquement pendant une quinzaine de minutes. Former une boule et laisser dans le récipient, couvert d'un linge. Laisser lever environ 2 heures.

Incorporer le reste des ingrédients en commençant par le reste de farine puis les 10 g de levure dilués dans un peu d'eau, le sucre en poudre, le beurre fondu, l'eau de fleur d'oranger, la gomme arabique, le sésame et les grains d'anis. Bien mélanger et pétrir ce mélange.

Former avec la pâte obtenue des boules de la grosseur d'une belle mandarine et les aplatir avec la paume de la main jusqu'à une épaisseur d'1 cm. Déposer sur un linge et recouvrir d'un autre linge. Laisser reposer encore 2 heures.

Disposer les petits pains sur la plaque du four, les piquer de quelques coups de fourchette et les badigeonner de jaune d'œuf. Faire cuire de 30 à 45 minutes à 180 °C (th. 6).

Salade d'oranges à la menthe

Prép. : 25 min
6 pers.

Quelques branches de menthe / 10 oranges bien mûres / Sucre glace / Cannelle / 3 cuil. à soupe d'eau de fleur d'oranger.

Passer la menthe sous l'eau, la sécher, l'effeuiller et la hacher grossièrement (garder quelques feuilles entières pour décorer le plat).

Éplucher les oranges, les débarrasser de toutes les petites pelures blanches et les couper en tranches fines (enlever les pépins au fur et à mesure). Recouvrir une grande assiette avec ces tranches en les posant les unes à côté des autres puis saupoudrer de sucre glace et de cannelle. Ajouter un filet d'eau de fleur d'oranger. Recouvrir d'une nouvelle couche de rondelles d'orange, puis à nouveau de sucre glace, de cannelle et d'eau de fleur d'oranger. Continuer comme cela jusqu'à épuisement des oranges et saupoudrer une dernière fois de sucre glace et de cannelle. Verser l'eau de fleur d'oranger restante puis parsemer de menthe hachée.

Garnir avec les feuilles de menthe entière en formant par exemple une étoile au centre du plat.

Servir bien frais.

Granité au citron

Prép. : 10 min - Cuiss. : 5 min
Congélation : 3 h 30 min - 4 pers.

100 g de sucre semoule / 6 citrons.

Mettre dans une casserole 20 cl d'eau, le sucre et le zeste d'un des citrons. Faire chauffer doucement en remuant à la cuillère en bois.

Quand le sucre est bien dissous, faire bouillir pendant 5 minutes.

Une fois le sirop refroidi, filtrer et ajouter le jus des citrons. Mélanger et mettre au congélateur pendant 3 heures. Remuer la glace de temps en temps.

Au bout de ces 3 heures, verser la glace dans un saladier préalablement mis au réfrigérateur et l'écraser au pilon.

Répartir dans 4 coupes et remettre au réfrigérateur pendant environ 30 minutes.

LES BOISSONS

LE CAFÉ ET LE THÉ

Le café, kawah au Maghreb, est servi dans de petites tasses et est généralement très fort. Kahve en Turquie, il précède souvent le thé lors des grands repas et est bien sûr préparé à la turque. Le thé, appelé « Atay » au Maroc, signifie whisky marocain. Plus qu'une simple boisson, il joue un réel rôle social en participant à toutes les discussions importantes et aux négociations de toutes sortes.

Contrairement au café, il est toujours préparé en présence des invités. Très chaud et très sucré, il est bien sûr consommé chez soi, mais aussi dans de nombreux cafés et salons de thé, accompagné de pâtisseries. En Turquie aussi, le thé est omniprésent et rythme les différents moments de la journée.

LE LAIT

Au Maghreb, lorsqu'un invité entre pour la première fois dans une maison, on offre le lait et les dattes en signe de bienvenue. Ceux-ci sont aussi échangés lors de la cérémonie du mariage. Plus ordinairement, le lait accompagne souvent les pâtisseries à base de miel dont il fait ressortir le goût. Un verre de petit-lait, au goût aigre, est parfois servi avec les couscous salés.

En Turquie, on confectionne une boisson très rafraîchissante, appelée « Ayran » avec du yaourt allongé d'eau et légèrement salé.

LES FRUITS

La boisson la plus répandue au Maghreb et en Turquie est évidemment l'eau. Mais durant l'été, on prépare toutes sortes de jus de fruits où les oranges et les citrons ont la part belle.

Plus rares sont les jus de fruits à base de fruits secs tels les raisins ou les dattes que l'on laisse macérer dans de l'eau. Peuvent aussi entrer dans la confection de ces cocktails de fruits les bananes, les fraises, les grenades et même les avocats. Quelques gouttes d'eau de fleur d'oranger ou d'eau de rose peuvent aussi être ajoutées à l'eau pour en faire une boisson très rafraîchissante.

Photo : J.-L. SYREN

Citronnade

Prép. : 5 min
Pour 1,5 l

3 ou 4 citrons bien mûrs / 2 cuil. à soupe d'eau de fleur d'oranger / Sucre en poudre.

Presser les citrons. Allonger d'eau bien fraîche, plate ou pétillante. Parfumer avec l'eau de fleur d'oranger et sucrer selon le goût.

EAU DE FLEUR D'ORANGER

L'eau de fleur d'oranger provient de la distillation de la fleur du bigaradier.

Elle entre dans la préparation de nombreux plats, salades, boissons, confitures, pâtisseries. Mais elle est très bonne et très rafraîchissante allongée d'eau, tout simplement.

Jus de grenade

Prép. : 15 min
Pour 1,5 l env.

6 grenades / 180 g de sucre semoule / 1 citron / 1/2 verre à thé d'eau de fleur d'oranger.

Couper les grenades en deux, retirer les graines et les passer à la moulinette.

Passer ce jus dans une passoire fine.

Dans une casserole, verser ce jus, le sucre en poudre et le jus de citron. Porter à ébullition sans cesser de remuer.

Une fois que le sirop est bien épais, retirer du feu, ajouter l'eau de fleur d'oranger et remuer à nouveau.

Laisser refroidir puis mettre au réfrigérateur.

2 à 3 cuillerées à soupe de sirop suffisent pour un grand verre d'eau.

De l'eau pétillante conviendra aussi très bien et rendra la boisson encore plus rafraîchissante.

Lait d'amandes

Prép. : 10 min
Pour 2 l

250 g d'amandes mondées / 200 g de sucre semoule / 1 l de lait / 1/2 verre à thé d'eau de fleur d'oranger.

Hacher finement les amandes au mixeur avec la moitié du sucre en poudre et mixer avec 1 l d'eau.

Passer au chinois puis mélanger avec le lait, le reste du sucre en poudre et l'eau de fleur d'oranger.

Servir très frais.

Jus de raisin

Prép. : 10 min

Grappes de raisin bien mûr / Jus de citron / Eau de fleur d'oranger.

Détacher les grains de raisin de la grappe et les mettre au fur et à mesure dans une passoire. Écraser au-dessus d'un plat creux à l'aide d'un mortier ou d'une cuillère ou, mieux, passer à la centrifugeuse.

Verser dans une grande carafe avec un peu de jus de citron et quelques gouttes d'eau de fleur d'oranger.

Sucrer selon le goût.

Jus de raisins secs

Prép. : 5 min - Cuiss. : 30 min
Pour 1,5 l

500 g de raisins secs / 5 cuil. à soupe de sucre semoule / 1 bâton de cannelle / 1 cuil. à soupe d'eau de fleur d'oranger.

Verser 2,5 l d'eau dans une cocotte et porter à ébullition. Ajouter les raisins et laisser sur feu vif pendant une quinzaine de minutes. Ajouter le sucre et la cannelle et poursuivre la cuisson, toujours sur feu vif, pendant 5 minutes en remuant constamment à la cuillère en bois.

Retirer du feu. Verser l'eau de fleur d'oranger, mélanger. Laisser refroidir et mettre au réfrigérateur.

Servir avec ou sans les raisins.

Café aux épices

Prép. : 5 min - Cuiss. : 15 min
Pour 1/2 l

3 cuil. à soupe de café moulu / 2 bâtons de cannelle / 1 cuil. à soupe d'eau de fleur d'oranger / Sucre en poudre ou en morceaux.

Faire bouillir l'eau et ajouter le café, les bâtons de cannelle et l'eau de fleur d'oranger. Poursuivre l'ébullition pendant 5 minutes puis retirer du feu et laisser le marc se déposer.

Servir doucement dans les tasses de façon à verser le moins de marc possible.

Infusion à la lavande

Prép. : 5 min - Cuiss. : 10 min

Laisser infuser les fleurs de lavande séchées dans de l'eau bouillante en dosant 1 cuillerée à café de lavande par tasse.

Servir avec du miel ou 1 rondelle de citron.

Thé à la menthe

Prép. : 15 min - Cuiss. : 10 min - Repos : 5 min
1 pers.

1 cuil. à café de thé vert par personne + 1 cuil. à café de thé pour la théière / Feuilles de menthe fraîche / Sucre en poudre ou en morceaux.

Ébouillanter la théière, y mettre le thé et la remplir de feuilles de menthe.

Mettre de l'eau à chauffer et retirer du feu quand elle est tout juste frémissante.

Verser sur le thé et laisser infuser 2 minutes. Remuer le contenu de la théière et laisser de nouveau infuser 2 minutes. Remuer une dernière fois et laisser reposer 1 minute.

Verser dans les verres à thé en tenant la théière bien haute afin que le thé puisse s'oxygéner.

THÉ AUX PIGNONS

Recette typiquement tunisienne, les pignons de pin parfument très faiblement le thé et servent surtout à décorer.

Au moment de faire infuser le thé, ajouter dans la théière une cuillerée à soupe de pignons de pin par personne.

TABLE DES RECETTES

Dépôt légal 4e trim. 1999 n° 2 498

Imprimé en C.E.E.